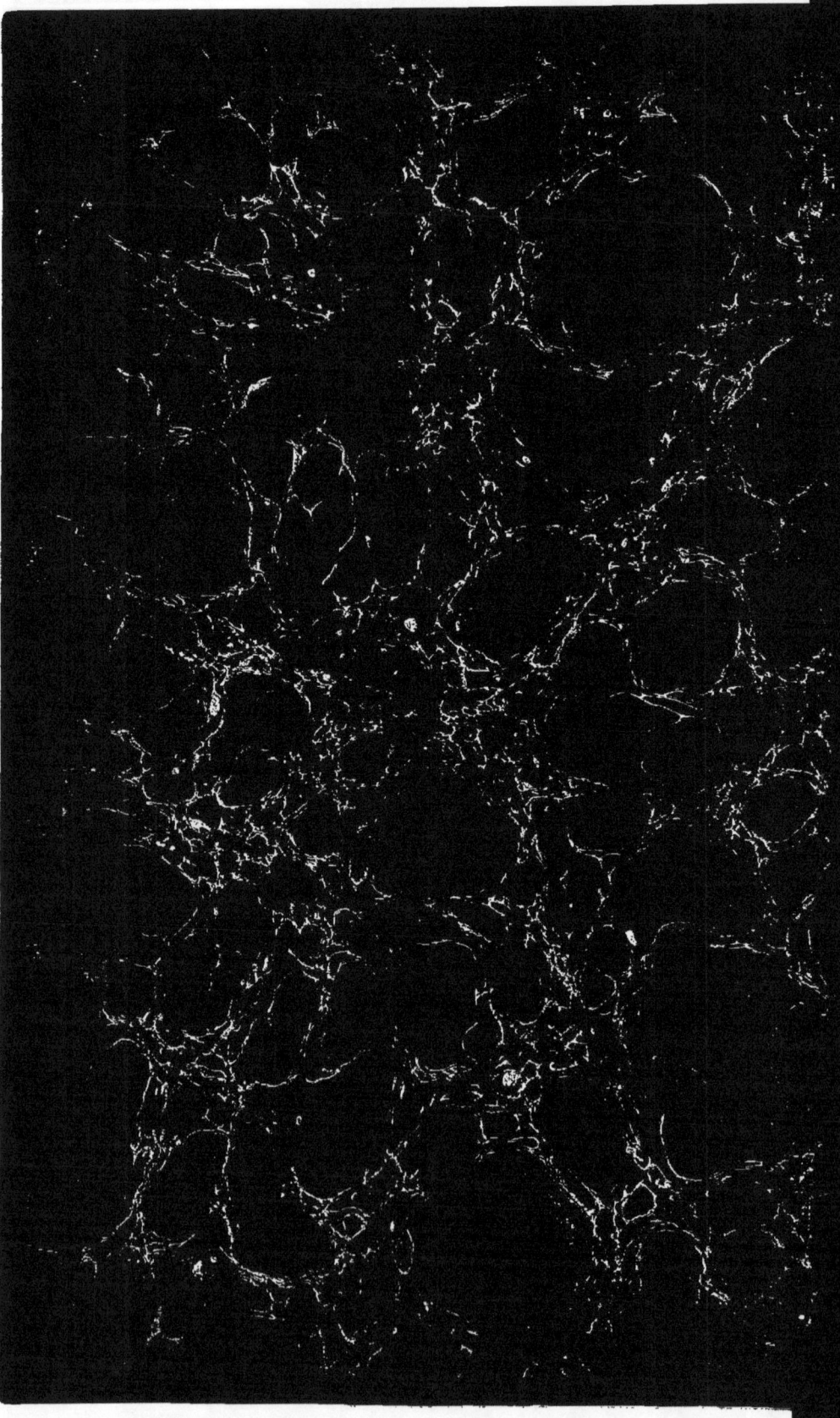

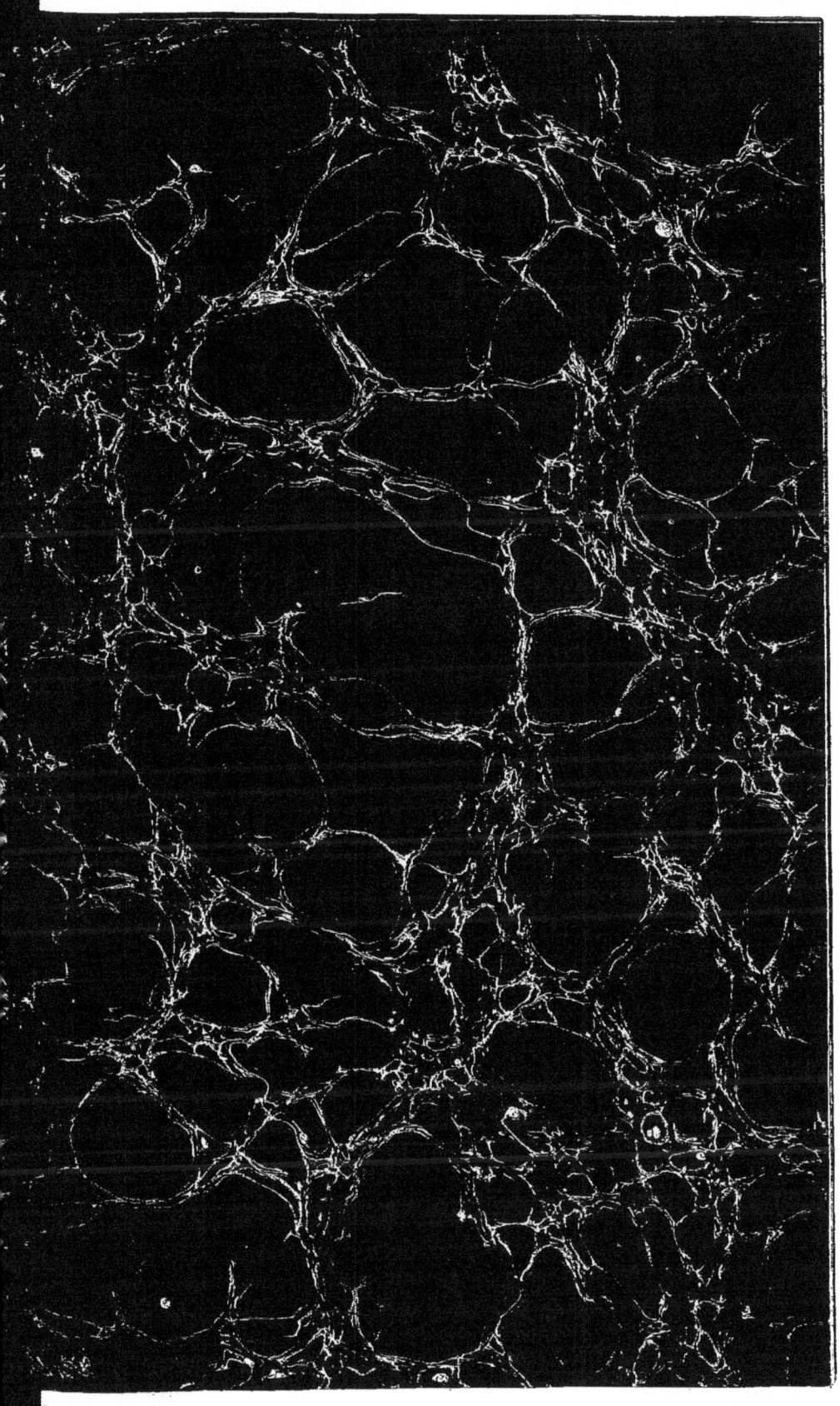

X 1427.
Ac.

14510

ated 1889

DISSERTATION

SUR

LA LANGUE BASQUE.

Quelques Ouvrages Grecs et Hébraïques du même Auteur, qui se trouvent chez les mêmes Libraires.

LEXIQUE FRANÇAIS-GREC, ouvrage entièrement neuf, composé par Fl. Lécluse, Paris, déc. 1822, in-8º, rel., prix, 12 fr.

LEXIQUE GREC-LATIN de Schrévélius, nouvelle édition corrigée et augmentée d'un Vocabulaire Latin-Grec, du Jardin Français des Racines Grecques, et d'une Gnomologie Grecque et Latine, Paris, nov. 1819, in-8º, rel., prix, 15 fr.

MANUEL DE LA LANGUE GRECQUE, contenant le Poème d'Ulysse, de Giraudeau, et un Lexique Grec-Français et Latin, Paris, 1820, in-8º, prix, 5 fr.

XENOPHONTIS CYROPÆDIÆ LIBRI VIII, Græcè, Paris 1820, 2 vol. in-12, prix, 10 fr. — Græcè et Latinè, 4 vol. in-12, 20 fr.

PREMIÈRE PARTIE DE L'ORDINAIRE DE LA MESSE, ou le Psaume XLIII, traduit en vers Français, d'après le texte Hébreu, avec le texte et la double traduction des Septante et de la Vulgate, et des notes tirées des versions Chaldaïque, Syriaque, Arabe, Éthiopienne, etc. Prix 50 c.

CHRESTOMATHIE HÉBRAÏQUE, ou choix des plus beaux morceaux en prose et en poésie, tirés de la Sainte Bible : à la suite du texte Hébreu se trouvent des imitations en vers Français, et des notes critiques, Paris, 1814, in-8º, prix, 3 fr.

CHRESTOMATHIE GRECQUE, ou choix des plus beaux morceaux des écrivains Grecs, 1 vol. in-12 en 2 parties : la 1.re de poésie, la 2.e de prose. Prix, 4. fr. 50 c.

  N. B. Ce dernier ouvrage, imprimé à Toulouse, sous les yeux de l'Auteur, a été publié (1825) en dix livraisons, dont chacune se vend séparément, au prix de 50 c.

DISSERTATION

SUR

LA LANGUE BASQUE;

Par Fl. Lécluse,

PROFESSEUR DE LITTÉRATURE GRECQUE
ET DE LANGUE HÉBRAÏQUE

A LA FACULTÉ DES LETTRES DE TOULOUSE;

Lue à l'Académie des Sciences, Inscriptions et Belles-Lettres de la même Ville.

(2 FÉVRIER 1826.)

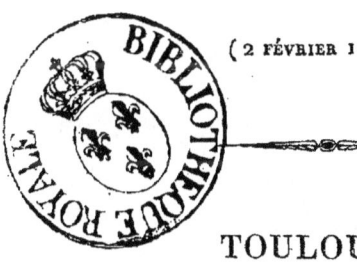

TOULOUSE,

VIEUSSEUX PÈRE ET FILS, IMPR.-LIBRAIRES,
RUE SAINT-ROME, N° 46.

1826.

LA SAINTE BIBLE,

EN HÉBREU, EN GREC ET EN LATIN,

Contenant l'Ancien et le Nouveau Testament.

PUBLIÉE PAR M. FL. LÉCLUSE,

PROFESSEUR DE LITTÉRATURE GRECQUE ET DE LANGUE HÉBRAÏQUE A L'ACADÉMIE DE TOULOUSE, MEMBRE DE L'ACADÉMIE DES SCIENCES, INSCRIPTIONS ET BELLES-LETTRES DE LA MÊME VILLE, ETC.

Quatre vol. in-8°, prix, 120 fr.

Cet ouvrage pourra se vendre séparément :

En hébreu seul (sans le nouveau testament) 2 vol. in-8°, 30 fr.
— avec le nouveau testament grec-latin, 3 vol in-8°, 50
En grec et en latin, 2 vol. in-8°. 45
En grec seul, 1 vol. in-8°. 20
En latin seul, 1 vol. in-8°. 20

On souscrit à Blois, chez Aucher-Eloy, imprimeur-libraire-éditeur ; à Toulouse, chez Vieusseux, Père et Fils, et chez les principaux libraires du royaume.

DISSERTATION

SUR

LA LANGUE BASQUE.

MESSIEURS,

J'avais pendant 30 ans dirigé mes principales études d'après cet adage :

> Qui non Græca simul junxit documenta Latinis,
> Non poterit docti nomen habere viri.

Mais depuis environ 6 mois la langue Latine me paraît bien jeune, la langue Grecque bien pauvre ; la langue Hébraïque elle-même voit son flambeau pâlir. J'entends crier de toute part :

> Cedite Romani scriptores, cedite Graii ;
> Nescio quid majus nascitur Iliade.

Quelle est donc cette merveille qui est venue briller à mes yeux d'un éclat si subit ? — C'est la langue des Basques; peuple singulier, qui, faisant partie de la France, semble pourtant être en quelque manière séparé du reste de ce beau royaume, par ses mœurs et par son idiôme. Placé dans une encoignure de l'Aquitaine, au pied des Pyrénées, il a conservé en grande partie les mœurs qui lui étaient propres, et le langage qu'il parlait dans des temps dont la date remonte à la plus haute antiquité.

Dans la dissertation que j'eus l'honneur de vous lire en février 1823 (*), sur les langues considérées principalement sous le rapport de leur filiation et de leur connexion; après les avoir rapportées toutes à trois branches principales qui devaient se rattacher au même tronc primitif, je vous disais, Messieurs, qu'un avocat de Tréguier, nommé Lebrigant, n'avait pas craint, dans ses élémens de la langue des bas-Bretons, qu'il désignait sous le nom de Celtes Gomérites, d'énoncer qu'avant le mélange des nations survenues, la langue des Celtes Gomérites ou Bretons, était celle de toute l'Europe, depuis le cap Finisterre jusqu'à l'Hellespont. Quoique confinée maintenant aux extrémités de la basse-Bretagne, et dans la partie des îles Britanniques qui lui est opposée, on ne pou-

---

(*) Cette dissertation sera imprimée en tête de la seconde édition du *Panhellénisme*.

vait s'empêcher, ajoutais-je, de la regarder comme un vestige précieux d'une langue fort ancienne; et l'on devait en dire autant du Basque, qui, relégué à une autre extrémité de notre France, n'avait conservé d'affinité qu'avec le langage des Biscayens.

J'avais plusieurs fois cherché, mais vainement, l'occasion d'acquérir quelque connaissance de cet idiôme original, lorsqu'enfin je vis paraître un livre intitulé : Histoire des Cantabres ou des premiers colons de toute l'Europe, avec celle des Basques, leurs descendans directs, et leur langue Asiatique-Basque; par l'abbé d'Iharce de Bidassouet.

Je pense, dit cet auteur, et mes recherches m'en ont convaincu, que le mot *Escuara*, qui signifie la langue Basque, existait 3000 ans avant qu'on dût connaître l'existence, même future, du Latium. Puis il nous donne l'étymologie du mot *Escualdunac*, par lequel on désigne les habitans du pays Basque. *Escu* main, *alde* favorable, *dunac* ceux qui ont. En effet, ajoute-t-il, les Basques excellent encore dans les exercices de la guerre et de la paume.

Après avoir passé en revue les Grecs, peuple vain et grand fabricateur de fables, les Phéniciens, nation avare, les perfides Carthaginois, les Romains, les Goths, les hordes Africaines, les

Francs, et tous les peuples qui envahirent successivement l'Espagne, il s'écrie : « Qu'est devenu cet empire colossal des Assyriens ? qu'est devenue la superbe république de Lycurgue ? que sont devenues ces républiques célèbres de Carthage et de Rome ? Tous ces peuples ont disparu de la scène du monde ; et les Basques sont restés debout. »

Il rapporte ensuite à la langue Basque l'origine de toutes les langues ; c'était, selon lui, la langue que parlait Adam. Le Jéhova des Hébreux est Basque ; l'île de Paphos tire son nom d'un mot Basque qui signifie crapaud ; et Versailles, d'un autre mot Basque qui signifie chaudron ; il en conclut gravement que Versailles est une ville qui a dû primitivement être formée par des chaudronniers. — *Risum teneatis !...*

Curieux de juger par moi-même de ces assertions si extraordinaires, je résolus de me transporter dans le pays Basque, et de recueillir, soit de vive voix, soit à l'aide des livres, le plus de documens qu'il me serait possible. La Cantabrie actuelle renferme environ 800 mille âmes, et se divise en plusieurs états. En Espagne sont : la province de Guipuzcoa, la seigneurie de Biscaye, l'Alaba, et la haute-Navarre ; en France, la Soule, la basse-Navarre, et le Labourt (*). Une journée de marche

---

(*) Ces trois petits pays forment la partie occidentale du département des basses-Pyrénées.

en France, et une autre en Espagne, voilà tout le domaine actuel de la langue Basque ; ces limites étroites une fois dépassées, un Basque ne saurait faire usage de sa langue, qui ne présente plus qu'un jargon inintelligible ; et cependant cette langue se subdivise en une multitude infinie de différens dialectes. Je pourrais vous citer une phrase assez simple (*), exprimée en 15 manières différentes. Aussi, en passant d'une province à l'autre, les indigènes eux-mêmes ont-ils peine à se comprendre. Cependant on peut réduire ces

---

(*) La même phrase, exprimée en Basque de 15 manières différentes :

Me demandez-vous de l'argent ? je vous en donnerai.

Guip. Escatzen	didac	*masc.*	cillara? Emango	diet.	*masc.*
	didan	*fém.*		dinat.	*fém.*
	didazu	*resp.*		dizut.	*resp.*
Bisc. Escatzen	deustac	*masc.*	cillara? Emango	deubat.	*masc.*
	deustan	*fém.*		deunat.	*fém.*
	deustazu	*resp.*		deutsut.	*resp.*
Lab. Escatzen	darotac	*masc.*	cillara? Emanen	daroat.	*masc.*
	darotan	*fém.*		daronat.	*fém.*
	darotazu	*resp.*		darotzut.	*resp.*
Escatzen	dautac	*masc.*	cillara? Emanen	diaut.	*masc.*
	dautan	*fém.*		diaunat.	*fém.*
	dautazu	*resp.*		dautzut.	*resp.*
Escatzen	didac	*masc.*	cillara? Emain	diat.	*masc.*
	didan	*fém.*		dinat.	*fém.*
	didazu	*resp.*		dizut.	*resp.*

différens dialectes à 3 principaux : celui du Guipuzcoa, qui se parle à Saint-Sébastien et à Tolosa ; celui de la Biscaye, dont la capitale est Bilbao, et celui du Labourt, dont la ville principale est Bayonne, mais qui se parle, dit-on, avec le plus de pureté, à Hasparren, à Ustaritz, à Saint-Jean-de-Luz, et surtout à Sare.

Je me rendis d'abord à Pau, Orthez, Navarreins, Oleron, et me trouvai sur les limites du pays Basque. Je visitai Mauléon, Saint-Palais, et Saint-Jean-Pied-de-Port. Partout je m'aperçus des variations du langage ; mais, dans aucune de ces villes, je ne pus rencontrer un livre Basque. Il fallut aller jusqu'à Bayonne, où l'on me renvoyait de toute part pour trouver des libraires. Effectivement, dans cette ville, on me montra des Noëls et des Cantiques, des Catéchismes et des journées Chrétiennes, une traduction de l'Imitation de J. C., et une traduction de l'Évangile selon Saint-Matthieu. Voilà en quoi consiste toute la littérature Basque ; et encore le dernier article passe-t-il pour un ouvrage de contrebande ; car cette traduction, récemment publiée par un protestant, n'a pas été favorablement accueillie.

Je voulais absolument me procurer une grammaire et un dictionnaire ; je m'adressai à tous les libraires de Bayonne. Un seul me montra la grammaire et le dictionnaire du jésuite Larramendi, imprimés l'une à Salamanque en 1729, et l'autre à Saint-Sébastien en 1745. Mais il me dit qu'ils faisaient partie de sa bibliothèque, que c'étaient des livres introuvables, et qu'il ne pouvait se charger, ni pour argent ni pour or, de me les procurer. Privé de ce secours, indispensable pour étudier une langue, j'eus cependant la consolation de rencontrer à Bayonne plusieurs savans aussi instruits qu'obligeans, parmi lesquels je me fais un devoir de citer M. le Supérieur du grand séminaire.

De Bayonne, je me rendis à Hasparren, espérant toujours rencontrer quelques livres Basques. Je visitai l'ermitage de l'abbé d'Iharce, situé au pied de la colline appelée *Arroltze-Mendi*, c'est-à-dire montagne de l'œuf. Ce nom dérive de sa forme, qui paraît être celle d'un œuf debout. C'est à l'occasion de cette colline que notre ermite s'écrie : « Que la vanité Égyptienne élève ses monceaux de pierre, pour satisfaire l'orgueil d'un roi impuissant..........; qu'elle place au nombre des sept merveilles du monde ses pyramides énormes; jamais elle n'égalera la structure merveilleuse de cette colline. O colline miraculeuse, ô pyramide admirable, chef-d'œuvre de l'architecte suprême ! quand arriveras-tu à la célébrité qui t'est due depuis si long-temps? tu renfermes dans ton sein des trésors immenses ; mais nul mortel n'a encore effleuré ton sol. Nous traversons des mers lointaines et orageuses, pour aller chercher ce que nous tenons peut-être au milieu de notre chère patrie. » Je ne ferai sur cette brillante apostrophe que deux observations fort simples. La première, c'est que notre ermite s'est éloigné de son admirable pyramide pendant 4 ans, pour aller chercher fortune à Paris; la seconde, c'est qu'elle ne m'a paru qu'une colline fort ordinaire.

J'eus la satisfaction d'entendre prêcher en Basque, de lire l'inscription, tracée sur le cadran de Hasparren, *nola itçala, hala bicia*(*), dont je donnai à mon hôte la traduction fidèle : οἷα ἡ σκιά, τοῖος ὁ βίος (hia hi skia, tios ho vios); et de voir incrustée, dans une des parois de l'Église, une pierre sur laquelle est gravée une inscription Latine, qui remonte, dit-on, à l'an 117 de J.-C. L'abbé d'Iharce l'avait fait imprimer d'une manière peu correcte; et sa double traduction Basque et Française n'était pas non plus exempte de fautes. Je les lui fis apercevoir, et il me promit de les corriger dans une seconde édition.

Voici cette inscription Latine, fidèlement copiée sur les lieux mêmes :

Flamen, item dûmvir, quæstor, pagique magister
Verus ad Augustum legato munere functus;
Pro novem optinuit populis sejungere Gallos;
Urbe redux, Genio pagi hanc dedicat Aram.

(*) Ki-tzel yamé-nou (*sicut umbra dies nostri*). Job, VIII. 9. כצל ימינו

Je fis remarquer à l'abbé d'Iharce qu'un vers hexamètre Latin n'avait jamais pu se terminer par *hanc dedicavit Aram*, comme on le lisait dans sa copie imprimée ; et que *Genio pagi* ne pouvait pas signifier *d'après le vœu du pays*, mais bien *au Génie tutélaire de la bourgade*.

J'improvisai même la traduction suivante, que je lui laissai par écrit :

> Pontife, duumvir, questeur,
> Et commandant de la bourgade,
> Vérus alla vers l'Empereur
> Pour s'acquitter d'une ambassade.
> Il en obtint l'isolement formel
> De la Novempopulanie ;
> A son retour, du lieu vénérant le Génie,
> Il lui consacre cet Autel.

J'allai ensuite à Ustaritz, et à S^t.-Jean-de-Luz ; partout je trouvai un excellent accueil, mais point de livres Basques ; je commençai à m'apercevoir qu'il me faudrait pénétrer en Espagne pour cet effet, et je m'y décidai. — La province de Guipuzcoa est la plus favorablement située pour la conservation de la langue, parce qu'elle est au centre de la Cantabrie, et entourée de toute part de pays Basques ; tandis que les autres provinces sont contiguës à des cantons où l'on parle Espagnol ou Français. En conséquence, j'obtins de M. le vicomte de Panat, sous-préfet de Bayonne, et de M. le consul Espagnol, une permission de passer la Bidassoa, et de me rendre à Saint-Sébastien et à Tolosa. Dans ces deux capitales, je visitai avec empressement les libraires, sans obtenir beaucoup plus de succès qu'à Bayonne. Mais je trouvai chez MM. les curés et autres savans, tant laïques qu'ecclésiastiques, les livres que je cherchais avec tant d'impatience. Aucun d'eux ne voulut me les vendre, mais tous s'offrirent à me les prêter. Quoique j'eusse peine à accepter une si grande marque de confiance, cependant ne pouvant trouver à acheter ces livres, je m'estimai fort heureux de me les procurer à quelque titre que ce fût.

Le premier que je vis entre mes mains, fut précisément celui que je désirais le plus vivement. Il était intitulé: *el imposible vencido*. Ah! m'écriai-je, j'ai aussi vaincu l'impossible. C'était: *el Arte de la lengua Bascongada; su autor el padre Manuel de Larramendi, de la compañia de Jesus*. Venait ensuite le Dictionnaire du même Larramendi, puis: *Apología de la lengua Bascongada, ó ensayo crítico filosófico de su perfeccion y antigüedad sobre todas las que se conocen, por D. Pablo Pedro de Astarloa, presbítero;* puis enfin: *Alfabeto de la lengua primitiva de España, y explicacion de sus mas antiguos monumentos de inscripciones y medallas, por Don Juan Bautista de Erro y Aspiroz*. Muni de ces précieuses offrandes, je me hâtai de parcourir la distance de Tolosa d'Espagne à Tolosa de France ; et, pendant les trois mois qui se sont écoulés depuis mon retour, j'ai consacré à l'étude du Basque toutes les heures que ne réclamaient pas mes occupations habituelles.

Le premier livre que je me mis à étudier fut l'Alphabet de la langue primitive d'Espagne par M. J.-B. Erro, imprimé à Madrid en 1806. En me le remettant, le curé d'Ibarra avait commencé à m'initier aux principes de cet Alphabet mystérieux, plus ancien (selon lui) même que l'Hébraïque, et qui remontait jusqu'à l'époque de la création du premier homme. « Lorsqu'Adam, me dit-il, contempla pour la première fois sa compagne chérie, à peine sortie des mains de son divin Créateur; à la vue d'un si brillant chef-d'œuvre, quelle dut être sa première expression? — Il s'écria sans doute, lui répondis-je : Que tu es belle ! — Point du tout, reprit notre pasteur; il éleva ses mains vers le ciel, et s'écria : A. Ce fut la première lettre prononcée. Pour ne pas perdre le souvenir de cette première impression, il traça de suite sur le sable deux lignes obliques, qui, en se réunissant par en haut, formaient un angle aigu; et afin de compléter l'emblême d'une indissoluble union, il fortifia le point central de ces deux lignes par une petite barre horizontale; et voilà la première lettre écrite.

Lorsqu'Adam eut perdu, par sa désobéissance, le glorieux privilège dont il avait été doué lors de la création, il était inconsolable; mais Dieu, voulant ranimer son espoir, lui fit connaître, à l'aide d'une ligne perpendiculaire recourbée par le bas en demi-cercle, que son créateur s'abaisserait du haut des cieux, et viendrait s'enfermer dans le sein d'une créature issue de sa propre race. Pour perpétuer ce gage précieux de bienveillance, Adam traça sur le sable la lettre *b*. »

Don Ziriza allait continuer l'explication de ses sigles mystiques, lorsque, craignant de ne pas me trouver dans la disposition nécessaire pour l'écouter avec calme, je le priai de m'excuser, et lui fis mes adieux.

J'ai lu avec beaucoup d'attention l'ouvrage de Don Erro, qui n'a pas moins de 300 pages in-4°. La première partie est consacrée à prouver que l'Alphabet Grec ne vient pas du Phénicien, comme le croient la plupart des érudits, mais bien du Basque, langue primitive de l'Espagne. Dans la seconde partie, il explique, à l'aide de son Alphabet, les monnaies, médailles et inscriptions antiques de Numance, Sagonte, Ampurias, et autres villes Celtibériennes. Pour donner une idée du travail de notre savant Espagnol, je me bornerai à traduire le passage, dans lequel il parle de l'origine et de l'étymologie de la ville de Sagonte.

Tite-Live (Livre XXI, chap. 7.) parlant de Sagonte, nous dit : *Civitas ea, longè opulentissima, ultrà Iberum fuit, sita passus mille fermè à mari. Oriundi à Zacyntho insulâ dicuntur, mixtique etiam ab Ardeâ Rutulorum quidam generis.* Voici comme s'exprime Don Erro à ce sujet :

« L'immortelle cité de Sagonte fut une des plus célèbres du monde ancien. Son nom et sa mémoire seront respectés, tant que, parmi la société des hommes, on conservera de l'estime et de la vénération pour les lois de l'amitié, de l'alliance et de la bonne foi. Cette ville, insigne victime de l'amitié des Romains et de la cruauté d'Annibal, fut, comme tout le monde le sait, l'occasion de la seconde guerre Punique. Plusieurs siècles avant sa ruine, c'était un célèbre *emporium* des côtes de la Méditerranée, fréquenté par plusieurs nations, et décoré de somptueux édifices, qui en faisaient une place commode et fortifiée. La gloire et la réputation de cette cité de la primitive Espagne excitèrent chez les Grecs l'ambition de la supposer une de leurs colonies ; et c'est précisément un des mensonges les plus accrédités de notre histoire, que je ne puis m'empêcher de réfuter, par amour pour la vérité, malgré l'imposante autorité de tant d'auteurs anciens qui l'appuient, et l'opinion des modernes, qui, fondés sur le témoignage des premiers, le donnent pour certain. »

Après avoir rapporté les citations de Tite-Live, de Strabon, de Pline, d'Appien, qui tous s'accordent à regarder Sagonte comme une colonie des Zacynthiens; sans s'embarrasser d'autorités si respectables, il trouve dans le seul nom de Sagonte, qu'elle a dû être fondée par les Espagnols primitifs. « Ils s'imaginaient peut-être, ces graves auteurs, s'écrie-t-il, que le nom de Sagonte était un nom arbitraire; ils ignoraient qu'il renfermât en lui-même quelque signe mystérieux, qui pût un jour découvrir leur imposture. Voici le texte même de Don Erro : *persuadidos quizá de que el nombre de Zagunto era un nombre arbitrario, y que non encerraba en sí misterio alguno, que pudiese descubrir su falsedad algun dia.* Puis il explique ainsi le nom mystérieux de Zagunzo. *Zagu* en Basque, signifie un rat, la syllabe *unz* marque l'abondance, et la lettre *o* l'élévation; ainsi le mot entier signifie : *Ciudad situada en un alto, en que hay mucha abundancia de ratones*, c'est-à-dire : une ville située sur une hauteur, où se trouve une grande abondance de rats. Cette étymologie, ajoute-t-il, pourra paraître extravagante, mais en réalité elle ne l'est pas. Il cite ensuite Strabon lui-même, qui, au livre III de sa Géographie, parle de l'opinion générale qui régnait de son temps (sans toutefois la partager) que l'Espagne était infestée d'une multitude de rats.

Passons maintenant à l'ouvrage de Don Pablo Pedro de Astarloa, intitulé: *Apología de la léngua Bascongada,* volume in-4°, d'environ 500 pages (*). Ce savant Biscayen, natif de Durango, petite ville voisine de Bilbao, nous raconte lui-même les motifs qui l'ont déterminé à entreprendre l'Apologie de sa langue maternelle. Don Joaquin de Tragia, membre de l'Académie royale d'Espagne, avait été nommé l'un des commissaires de cette compagnie pour la formation du Dictionnaire géographique et historique d'Espagne. Dans le tome second de cet excellent ouvrage, au mot Navarre, paragraphe treizième, le docte Arragonais propose plusieurs difficultés contre la prétendue antiquité de la langue Basque, et ne croit pas cette question aussi bien démontrée qu'on voudrait le faire croire. Don Astarloa relève le gant, et s'engage à prouver l'antiquité et la perfection de son idiôme.

Il commence son examen par la langue Latine, qu'il trouve privée des qualités requises par la saine philosophie. Son alphabet, son syllabaire, sa déclinaison, sa conjugaison, et surtout sa syntaxe, sont fort imparfaits dans leur mécanisme.

Séduit par les éloges que les grammairiens prodiguaient à la langue Grecque, il voulut en acquérir

---

(*) Je dois ce volume, imprimé à Madrid, en 1803, à la complaisance de M. Ansoborlo, instituteur à Saint-Jean-de-Luz.

quelque connaissance ; et tout ce qu'il put remarquer, fut qu'elle était un peu moins imparfaite que la Latine. Son verbe moyen, ses aoristes, son optatif (dont il n'avait peut-être pas bien saisi toute l'énergie), lui semblèrent autant de taches qui déparaient cette langue si vantée.

Du Grec, il passa à l'Hébreu. Ses différentes conjugaisons Kal et Niphal, Hiphil et Hophal, lui plurent beaucoup : son Hithphaël surtout l'enchanta. Si l'Hébreu avait eu un alphabet plus complet, si sa syntaxe n'eût pas été si opposée au dictamen de la raison, il allait lui accorder la palme.

Enfin il effleura le Chinois même, et plusieurs langues d'Amérique, entr'autres la Péruvienne et la Mexicaine ; mais aucune ne lui parut digne de soutenir la comparaison avec la Biscayenne.

Dans cette dernière, tout est parfait : alphabet complet et sans redondance ; syllabaire doué d'un merveilleux artifice, etc., etc. Je n'en finirais pas, si je voulais développer toutes les perfections du Basque : je me contenterai de citer la conclusion de l'auteur ; et, désespérant de trouver des paroles assez fortes pour reproduire l'emphase de ses éloges, j'emploierai ses propres expressions : *¿ Qué admiracion placentera no causó en mi el exâmen que hice de las caracteristicas que empleaba nuestra nativa lengua, en la formacion de los* *derivados de sus primitivos nombres? ¡ Qué propiedad en los abundanciales! ¡ Qué exactitud en los nacionales! ¡ Qué filosofia en los patronímicos! ¡ Qué distincion en los de oficio! ¡ Qué riqueza en los locales! ¡ Qué ingeniosidad en los de contienda! pero ¡ Qué elevacion, qué magnificencia, qué cosa casi divina no hallé en los abstractos!*

Quelle est donc cette *chose* presque divine qu'il a remarquée dans les noms abstraits? La voici : dans les autres langues, on rencontre sous une même terminaison des qualités bonnes ou mauvaises : en Français, par exemple, bon*té*, cruau*té*; ado*ration*, fornica*tion*; mais, dans la langue Basque, les bonnes qualités sont toutes terminées en *asuna*, et les mauvaises en *queria*. Aussi Don Astarloa regarde-t-il sa langue comme une table sociale de la loi, un livre ouvert de la morale, un code qui établit la distinction la plus marquée entre le vice et la vertu, entre le crime et l'innocence.

Il porte les syllabes de sa langue au nombre de 6,146; et, sans parler des mots qui auraient plus de trois syllabes, il élève les mots d'une, de deux ou de trois syllabes au plus, à la somme de 4,126,554,929. De plus, chaque verbe, suivant lui, peut se conjuguer de 206 manières différentes, et renferme 206 modes indicatifs, 206 modes subjonctifs, etc. ce qui donne pour chaque verbe

30,952 inflexions personnelles. C'est ici le cas d'appliquer au Biscayen le proverbe Basque: *gure haritçac betheac!* (que nos chênes sont chargés!) c'est-à-dire: quelle exagération!

L'abbé d'Iharce de Bidassouet, dont j'ai déjà parlé au commencement de cette dissertation, et dont j'aurai encore occasion de parler dans la suite, enchérit encore sur Don Astarloa, dont il a copié les exagérations; mais son style est loin d'avoir l'élégance de l'écrivain Espagnol, et, en plusieurs occasions, il traduit à contresens. Voyons ce qu'il nous dit à ce sujet: « Supposons à chaque langue vivante de l'Europe, un nombre de syllabes plus grand même que celui qu'elles ont véritablement; donnons à la langue Française 2,119,000 syllabes; à l'Espagnole 2,636,000, à l'Italienne 2,644,000, à l'Anglaise 2,204,000, à l'Allemande 3,445,000, à la Polonaise 2,484,000, à la Russe 3,343,000, etc. nous aurons un total de 35,937,000 syllabes. D'où il résulte, continue-t-il, si l'on peut compter sur l'exactitude d'un calcul mathématique, que toutes les langues vivantes de l'Europe, collectivement prises, et calculées sur un nombre de syllabes plus fort même que celui qu'elles ont, ne renferment que 35,937,000 syllabes, ou parties élémentaires et intégrantes, tandis que la langue Basque en possède à elle seule 91,018,000, c'est-à-dire beaucoup plus du double.

Ivre d'enthousiasme, il va jusqu'à dire que la langue Basque pourrait fournir des élémens à toutes les langues de l'univers, et termine ainsi : « Que l'on convienne donc enfin qu'il n'y a aucune langue dans tout l'univers, qui approche plus de la langue que le Père Éternel a inspirée à Adam, soit par sa *primordialité*, soit par son *antiquiorité*, soit par sa *perfectibiliorité*, soit par son *universabiliorité*, soit enfin par son *inépuisabilité*.......— que l'idiôme Basque. ».

Tels sont les trois écrivains, dans les ouvrages desquels j'ai pris, pour ainsi dire, l'avant-goût des beautés de la langue Basque. J'en citerai un quatrième, mais qui, n'appartenant ni à la Biscaye, ni au Guipuzcoa, ni au Labourt, n'a pas paru partager l'engouement des trois premiers. Je veux parler de M. de Labastide, membre de l'académie royale des belles-lettres de Montauban, qui, en tête de sa traduction des Commentaires de César, a mis une dissertation sur les Basques, imprimée à Paris en 1786. Elle est écrite avec beaucoup d'érudition et de sagesse. Les étymologies non forcées de plusieurs villes Phéniciennes (par exemple *Gaza*, qui en Basque signifie *du sel*), lui ont fait soupçonner que la langue Basque était un dialecte du Phénicien ; il fortifie cette opinion par une explication ingénieuse des armoiries particulières aux anciens rois de Navarre, telles que nous les a décrites Oihénart, écrivain originaire du pays de Soule. *Rex Navarræ gestat pro insignibus, in æquore phœniceo, carbunculum globulis discretum, aureum, corde prasino.* Ces armoiries, selon M. de Labastide, sont une espèce de carte, ou plutôt de jeu géographique de l'invention des habitans de Tyr. Le jeu des marelles, conservé dans nos provinces depuis un temps immémorial, est un reste de ce jeu géographique apporté de Tyr dans les Gaules; le nom même de marelles, *mar-ellas*, signifie mer des îles. Dans ces armoiries, la métropole est figurée au milieu du plan par un brillant escarboucle, dont les faisceaux lumineux s'étendent du centre vers les différens points de la circonférence; et les colonies principales sont représentées par des globules ou médaillons, disposés symmétriquement autour du point central.

L'abbé d'Iharce a copié une grande partie des étymologies données par M. de Labastide, mais s'est bien gardé de parler du jeu Phénicien. Il n'avait cependant rien à redouter, puisqu'il nous dit à la page 41 de son histoire des Cantabres : « Je serais tenté de croire que les Phéniciens seraient une colonie Basque ! L'identité de la langue, du génie et des mœurs me force à épouser cette opinion. »

Mais, pour pénétrer dans le sanctuaire de la langue Basque, il faut absolument étudier Larramendi; c'est le second créateur de cette langue : il n'existait avant lui ni grammaire, ni dictionnaire. La langue ne s'était conservée que par la tradition; il était donc impossible à un étranger de l'apprendre.

La grammaire de ce savant et laborieux jésuite Cantabre fut imprimée à Salamanque en 1729, et dédiée à la très-noble et très-loyale province de Guipuzcoa. C'est un petit volume in-8.° de 400 pages, dont le prix fut taxé par Don Miguel Fernandez Munilla, secrétaire du roi, à 212 maravédis, *y no mas* (1 fr. 32 c. 1/2), mais dont on ne peut maintenant (vu sa rareté), se procurer d'exemplaires, soit en France, soit en Espagne, à quelque prix que ce soit.

Après le titre pompeux de *el imposible vencido*, justifié par un prologue emphatique, vient une dédicace *à la muy noble y muy leal provincia de Guipuzcoa*. On n'est pas d'accord sur l'étymologie du mot Guipuzcoa; Larramendi lui-même avoue qu'il l'ignore. J'ai lu dans une dissertation sur la semaine Basque (dont je parlerai dans la suite) par Don Thomas de Sorreguieta, imprimée à St.-Sébastien en 1802, que le mot de Guipuzcoa signigifiait *nos de la habla dividida*, c'est-à-dire : nous sommes de l'époque où les langues furent divisées; notre origine remonte jusques à la tour de Babel.

Parmi les provinces Basques, celle du Guipuzcoa brille comme le soleil parmi les autres astres; les privilèges dont elle jouit, l'emportent de beaucoup sur ceux des autres provinces. Après avoir énuméré ses titres de gloire, le R. P. Larramendi s'écrie : « Ce n'est pas seulement sur la terre, ce n'est pas seulement sur la mer, c'est encore dans le ciel que cette province l'emporte sur les autres. Elle compte parmi ses enfans le grand St.-Ignace de Loyola son patron. C'est au Guipuzcoa que le monde est redevable de cet Atlas de l'Église, qui soutint et soutient encore sur ses épaules un si grand ciel émaillé d'étoiles. C'est au Guipuzcoa, que le monde est redevable de cet Hercule de la Grâce, qui coupa la tête de l'Hydre de l'Averne, et convertit le monde même en un agréable paradis de vertus. C'est au Guipuzcoa que le monde est redevable de la conversion de nouveaux mondes en Orient et en Occident. Mais je m'arrête, dit-il; car, pour célébrer dignement le grand Ignace, il faudrait une plume de Chérubin ». Puis il ajoute : « Être natif du Guipuzcoa, ou être gentilhomme et noble, c'est une seule et même chose, non-seulement dans l'intérieur de notre province, mais encore au dehors. Les naturels de cette province sont reconnus pour nobles, dans les audiences, dans les chancelleries, dans les conseils de nos monarques; que dis-je? chez toutes les nations de l'univers ».

Il n'est donc pas étonnant que, dans tout le cours de sa grammaire, le père Larramendi prenne pour base de ses paradigmes la langue commune du Guipuzcoa; mais il donne ensuite les variantes des deux autres dialectes principaux, c'est-à-dire, en premier lieu, du Biscayen, qui est celui de Don Astarloa; en second lieu, du Labourtain, qui est celui de l'abbé d'Iharce.

Ce dernier écrivain étend à tous les Basques, ce que Larramendi affirme des seuls habitans du Guipuzcoa. Il y a, dit-il, dans l'âme de tous les Basques, une impression naturelle, un sentiment profond de leur illustre origine, et de leur suprématie comme peuple. Le plus simple paysan porte toujours la tête haute. Un prince de Tingri, ayant dit un jour à un Basque qui lui parlait avec un ton de fierté, de se rappeler qu'il parlait à un Montmorency, dont la race datait de plusieurs siècles ; nous autres, lui répondit le Basque, sans s'émouvoir, nous ne datons plus.

Ce ne fut qu'en 1745, que le père Larramendi fit paraître son *Diccionario trilingue del Castellano, Bascuense y Latin*, 2 vol. in-f.°, qu'il dédia de nouveau *á la muy noble y muy leal província de Guipuzcoa*. Il y avait déjà plus de 15 ans que sa grammaire avait paru. Elle était, nous dit-il, l'âme de la langue Basque; le dictionnaire en devait être considéré comme le corps.

Dans son épître dédicatoire, après les complimens d'usage, il retrace toutes les difficultés que lui avait fait éprouver la composition d'un ouvrage de cette nature. C'était lui qui avait frayé la route, et il n'avait pas trouvé de modèle. J'étais à même de juger par moi-même de la difficulté de son entreprise, moi qui m'étais trouvé à peu près dans le même cas, lorsque je composai le premier Lexique Français-Grec qui eût encore paru ; mais si je pouvais dire, avec la Didon de Virgile :

Haud ignara mali, miseris succurrere disco,

j'avais aussi la phrase de Tacite, en parlant du Centurion Rufus : *vetus operis ac laboris, et eo immitior, quia toleraverat.*

Après l'épître dédicatoire, viennent de longs et savans prolégomènes, qui ne contiennent pas moins de 230 pages in-f.º. Il sont divisés en trois parties. Dans la première, l'auteur porte jusqu'aux nues les perfections de la langue Basque, et traite fort au long de ses dialectes, de sa grammaire et de son dictionnaire. Dans la seconde, il s'efforce de prouver qu'elle a été la langue primitive et universelle de l'Espagne. Dans la troisième, il répond aux objections de Don Gregorio Mayans, savant Espagnol, qui s'était permis d'élever des doutes sur la prétendue antiquité de la langue Basque, et de persiffler le titre pompeux de *el imposible vencido*, que Larramendi avait donné à sa grammaire. C'est dans ces prolégomènes que Don Astarloa, Don Erro, et l'abbé d'Iharce ont puisé les éloges immodérés, qu'ils prodiguent à la langue des Cantabres, à la perfection de son alphabet, de sa conjugaison, de sa syntaxe, à son antiquité, qu'ils font remonter jusques à la tour de Babel. Les Basques d'Espagne ont-ils peuplé la France, ou ceux de France, l'Espagne? Les Basques sont-ils plus anciens que les Celtes? Ces derniers ont-ils même jamais existé? Telles sont les questions ardues que notre savant jésuite approfondit.

Les étymologies sont le principal levier qu'il fait mouvoir. Ainsi Bayonne, selon lui, composé de deux mots Basques (*baya*, baie, et *ona*, bonne), signifie une bonne baie, un bon port. L'abbé d'Iharce, observant avec raison que cette étymologie n'est pas plausible, puisque l'entrée du port de Bayonne est gênée par une barre qui varie, et qu'il faut souvent reconnaître la sonde à la main, préfère regarder Bayonne comme l'ancienne ville ou forteresse des Ibayens, peuple chimérique, dont aucun écrivain, ancien ou moderne, n'a fait mention. Pour moi, sans avoir recours à ces étymologies forcées, j'aime mieux croire que les étrangers, qui, en entrant dans le pays Basque, entendaient sans cesse répéter *bai yauna* (qui signifie: oui Monsieur) auront simplement donné le nom de *Bayona* à la principale ville de cette contrée.

Quant à ce qui concerne la partie matérielle et technique du dictionnaire, je ne l'ai pas crue susceptible d'analyse. Il me suffira, Messieurs, de vous dire que, d'après un relevé général, fait par l'auteur lui-même, le fond de la langue Castillane se compose de 5,385 mots pris du Latin, 1,951 mots pris du Basque, 973 du Grec, 555 de l'Arabe, 90 de l'Hébreu, et 2,786 dont l'origine n'a pas pu être fixée; ce qui fait un total d'environ douze mille mots, dont la 6.ᵉ partie environ est prise de la langue Basque.

Parmi les difficultés que rencontrent les lexicographes, il en est une que j'ai éprouvée moi-même, et dont Larramendi ne manque pas de parler; c'est de trouver des mots qui correspondent d'une langue à l'autre, soit dans les termes de sciences et arts de nouvelle invention, soit dans les termes familiers, ou propres à un dialecte particulier. Ainsi, comment exprimer un canon, une bayonnette, du jambon, du chocolat, du café, du tabac? Notre savant jésuite nous assure qu'il n'a employé que 3 mots de sa pure invention: ce sont *sutumpa*, un canon; *godaria*, du chocolat; *surrautsa*, du tabac. Quand il n'a pas trouvé dans son dialecte un mot convenable pour exprimer un terme Castillan, il a eu recours à un autre dialecte. Souvent même il les mêle à dessein, en disant: « Quoique je n'ignore pas qu'un habitant du Guipuzcoa, en entendant un Biscayen lui dire *guradozu, ez jaramon, astu yataz*, ait peine à s'empêcher de rire; et qu'il en est de même du Biscayen, lorsqu'à son tour il entend l'autre lui dire *nai dezu, ez malmetitu, astu zaizquit*; quoique je sache fort bien que jamais le Biscayen ne voudra se servir du mot *gaistoa*, ni l'autre du mot *donguea*, qui tous deux signifient également le mal; j'ai souvent réuni des termes de différens dialectes, pour déployer toutes les richesses de la langue des Cantabres. » Le mot Cantabre est un terme générique; l'abbé d'Iharce prétend que les *Escualdunac* furent ainsi appelés par les Romains, du mot Latin *cantare*, à cause de l'excellence de leurs voix.

Ce dictionnaire, où tous les mots Castillans sont expliqués en Basque et en Latin, est encore le seul dont on puisse s'aider, pour étudier la langue des Cantabres: mais bien que, lorsqu'il parut en 1745 à Saint-Sébastien, les deux volumes in-folio, dont il se compose, aient été taxés par le secrétaire royal Don Miguel Fernandez Munilla, à la somme de 2,270 maravédis, *y no mas* (14 fr. 12 c. 1/2), M. Baroja, imprimeur-libraire à S.t-Sébastien, qui n'en possède qu'un seul exemplaire à son usage, m'a certifié que, vu sa rareté actuelle, il lui serait difficile de s'en procurer un second, même au prix de 3 ou 400 réaux.

Après avoir entendu l'opinion de divers écrivains sur la langue Basque, l'Académie serait peut-être en droit d'exiger que je lui donnasse un aperçu de mes opinions personnelles, et un résultat de mes propres labeurs. Mais je crains d'avoir déjà dépassé les bornes d'une lecture Académique; je crains surtout d'avoir fatigué l'attention de ceux qui m'écoutent. Loin d'épuiser une matière, a dit La Fontaine, on n'en doit prendre que la fleur. D'ailleurs, en ce moment, je m'occupe à rédiger en Français un abrégé de Grammaire Basque, auquel sera joint un Vocabulaire (*) propre aux deux langues. Dégagé de tous les accessoires emphatiques, ce petit volume présentera l'ensemble de la langue Basque, tel que je le conçois, et préparera la voie à ceux qui voudront méditer avec fruit les élucubrations Cantabriques des savans Espagnols et Français, dont j'ai eu l'honneur d'entretenir la Compagnie.

(*) L'abbé d'Iharce, il est vrai, nous promet un dictionnaire *bilingue*; mais, selon le proverbe Basque :

Balizcaco Iharac ez du irinic eguiten.
Le Moulin supposé ne fait pas de farine.

FIN.

IMPRIMERIE DE F. VIEUSSEUX.

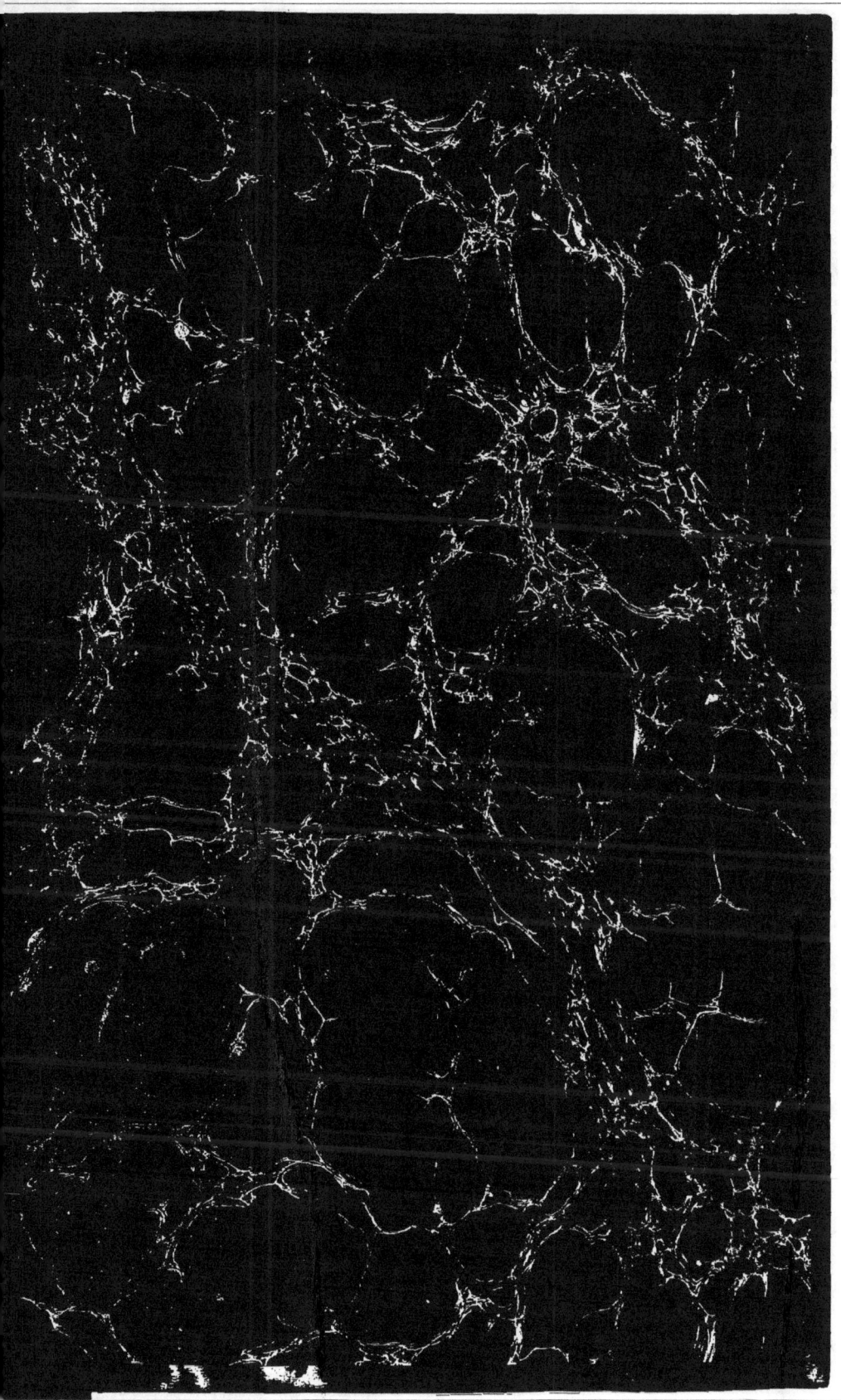

www.ingramcontent.com/pod-product-compliance
Lightning Source LLC
Chambersburg PA
CBHW060952050426
42453CB00009B/1170